DE LA

RÉFORME ÉLECTORALE

EN FRANCE.

Caen, Imp. et Lith. de PAGNY, rue Froide, 23.

DE LA
RÉFORME ÉLECTORALE
EN FRANCE,

PAR

L.-F. BONNESŒUR,

avocat.

CAEN,

LÉONCE HAULARD, pont Saint-Pierre, 7.

PARIS,

PAGNERRE, rue de Seine, 14.

—

1839.

DE LA

RÉFORME ÉLECTORALE

EN FRANCE.

CHAPITRE 1er.

DE LA PUISSANCE DE L'OPINION PUBLIQUE.

Tous les pouvoirs, politiques ou religieux, sont irrésistiblement soumis à l'opinion publique. C'est elle qui contrôle leur action, c'est elle qui les modifie jusque dans leur constitution la plus intime. En vain ils poseraient leurs fondements et leurs racines dans le sein même de la divinité, il faut qu'ils descendent de toute cette hauteur, il faut qu'ils abaissent leur sublime indépendance devant le jugement

de cette reine du monde, qui, elle, n'a d'autre
guide et d'autre seigneur que la conscience de chacun, éclairée par les lumières de la raison.

Quoiqu'elle *règne et gouverne* en tous lieux, elle
n'a pas partout les mêmes organes.

En France, la presse et les tribunes législatives
et judiciaires sont ses principaux moyens d'action.

Des gens, préoccupés de leur intérêt personnel
ou de leur position, ont souvent prétendu que la
presse inventait et ne promulguait pas l'opinion; ils
se sont trompés. Le journalisme est sans force pour
imposer une opinion qui n'aurait aucun fondement
dans le pays. La *Gazette de France* et les autres journaux de cette nuance n'ont pas plus fait l'opinion
légitimiste, le *National* et le *Charivari* n'ont pas plus
créé le parti et l'opinion démocratiques que le *Moniteur* n'a fait les lois et les ordonnances qu'il publie.

Il faudrait être étranger à tout ce qui se fait autour
de nous pour ignorer qu'on ne lit que les journaux
qui représentent et défendent l'opinion qu'on avait
d'avance, ou celle qui s'en rapproche le plus; ce n'est
pas une conversion qu'on y cherche, mais des argu-

ments à l'appui d'une conviction déjà instinctivement formée. Cela est si vrai qu'on ne parcourt qu'avec une inquiétude un peu fébrile les journaux qui combattent le sentiment ou l'opinion dont les germes existaient déjà au fond de l'ame.

Le journal qui professerait des opinions contraires à celles de tout le monde, qui se constituerait le défenseur d'intérêts évidemment illégitimes, qui exciterait des passions honteuses, ne recueillerait que le dégoût, la haine et la réprobation générales, ou plutôt ne serait lu par personne. Ces choses sont, au reste, hors de discussion, et reconnues par tous les gens de bonne foi.

Aussi dès qu'une mesure, une institution, une modification sociale ou politique est demandée par un grand nombre de journaux, il est certain que l'opinion publique en proclame la nécessité, et, si on ne l'admet, de bon gré, un peu plus tôt, il faut se résigner à la subir, de force, un peu plus tard.

Plus les opposants reculent la solution, plus la victoire a contre eux de conséquences fâcheuses.

CHAPITRE II.

DE LA NÉCESSITÉ D'UNE RÉFORME.

L'opinion publique est aujourd'hui aux réformes politiques.

Le parti légitimiste et ses journaux appellent la réforme électorale.

Le tiers-parti, l'opposition dynastique et leurs journaux la demandent.

Le *National* et son parti la veulent.

Les gardes nationales la sollicitent par des pétitions.

Le parti socialiste veut obtenir par des barricades et des coups de fusils la réforme du gouvernement et celle de la société.

Le *Journal des Débats* lui-même se fait réformiste [*].

Il y a, en un mot, unanimité à déclarer que ce qui est ne suffit plus pour gouverner la société ; en effet, la combinaison des partis qui sont officielle-

[*] Il sollicite avec instance la réforme de la chambre des pairs, qu'il trouve composée de membres trop âgés.

ment représentés est telle, que leurs forces se neu-
tralisent, et qu'il y a absence d'action. Ceux qui se
trouvent en dehors du pouvoir se coalisent pour
l'attaquer, triomphent, et se divisent après la victoire. L'anarchie gouvernementale arrive à son plus
haut degré, et l'embarras devient inextricable. On
sent bien la nécessité d'apporter quelques remèdes
à cet état, mais on n'est pas d'accord sur la nature
de ceux qu'il conviendrait d'employer.

Il faudrait peut-être donner la prépondérance à
un parti avec lequel on gouvernerait les autres;
mais comme chacun la voudrait pour le sien, et
qu'il craint d'être vaincu dans l'essai, il aime mieux
garder sa position, toute mauvaise qu'elle est, de
peur d'en rencontrer une pire encore. Il y a même
un de ces partis, qu'on désigne sous le nom de parti
des *courtisans*, qui ne serait pas fâché de voir tran-
cher la querelle, par l'abdication des autres, au profit de la prérogative de la couronne, à laquelle il
voudrait qu'on s'en rapportât pour *gouverner le
pays sans le pays*. Ces magnifiques seigneurs ont
trouvé dans la succession de la vieille monarchie,
parmi les bagages abandonnés, une formule usée

avec laquelle ils tâchent de se rendre agréables au prince; ils disent : —

Tout pour le peuple, et rien par le peuple ; ce qui, traduit en français du XIXe siècle, veut dire : « Honneurs, priviléges et profits POUR NOUS ; » gouvernement PAR NOUS ; impôts, misère et vexa- » tions *pour le peuple ;* rien PAR LE PEUPLE. C'est pour cela que ce peuple s'opposera avec énergie à la réalisation de leurs vœux, et que, s'ils triom- phent, ce ne sera qu'après l'avoir vaincu par la force des armes.

Sauf ce parti, qui n'est pas aussi fort qu'on vou- drait bien le faire croire, tout le monde s'accorde à penser que la réforme électorale est le seul moyen de rétablir un ordre politique qui fasse renaître la confiance qui tombe, qui rappelle la prospérité qui s'enfuit, et qui restaure la morale publique qui se dégrade. On veut en général appeler à la partici- pation des droits électoraux un plus grand nombre d'individus ; mais comme chacun désire faire triompher son propre parti, il recherche et re- commande la combinaison qu'il croit devoir lui être la plus favorable.

Avant d'examiner le mérite des divers systèmes proposés, il faut jeter un coup-d'œil rapide sur les principales fractions de la société française qui aspirent à la direction des affaires du pays, et discuter sommairement leurs titres, leurs projets et leurs chances de succès quant à la combinaison électorale qu'elles désirent.

CHAPITRE III.

DU PARTI LÉGITIMISTE, ET DE LA COMBINAISON ÉLECTORALE DONT IL ATTEND LA PRÉPONDÉRANCE POLITIQUE.

§. Ier.

Du parti légitimiste.

Ce parti proposerait un système monarchique en harmonie avec des affections basées sur d'honorables sentiments de fidélité au malheur ; il remettrait le pouvoir et l'influence gouvernementale aux mains des riches et des hommes d'origine illustre qu'il renferme dans son sein ; il redonnerait de l'éclat à la religion, et entourerait ses ministres de considération et de respect extérieurs. Il voudrait constituer enfin sur des bases inébranlables un ordre matériel qui garantirait la propriété et les propriétaires contre toute espèce d'éventualités révolutionnaires, et qui perpétuerait les biens dans les familles ; il assure qu'il gouvernerait les autres classes de la société par les règles de la justice, et qu'il leur accorderait des libertés étendues.

Il est très-douteux, cependant, qu'il ne se donnât pas la petite satisfaction d'abaisser ceux qu'on appelle de la classe moyenne, parce qu'il les hait cordialement ; il est douteux encore qu'il donnât un grand développement à la liberté de la presse, qu'il accuse de démoraliser la société.

Le parti légitimiste se compose d'à peu près trente mille familles, riches ou ayant acquis d'anciennes distinctions nobiliaires, qui les rattachent au système de gouvernement qui administrait la France avant 1789. Ce n'est point les calomnier que de dire que les légitimistes considèrent comme instables et

mauvais les moyens et les formes des gouverne-
ments qui se sont succédé depuis la première révolution ; ils ne font même pas grâce à la charte
de la restauration. Ils regardent toutes les institutions nouvelles comme inefficaces et impropres
à maintenir l'ordre matériel sans lequel la société
ne peut marcher , ni acquérir par la civilisation
les développements nécessaires au plus grand bonheur de l'humanité. S'il faut en croire ses journaux les plus accrédités , ce parti rétablirait l'ancienne constitution de la monarchie , sous laquelle
le peuple aurait plus de liberté que sous le gouvernement des principes révolutionnaires. Le roi *règne-
rait* et *gouvernerait* avec un pouvoir fort et incon-
testé , sauf toutefois les conseils de la nation , qui
se réunirait , à la manière des états généraux , et
d'après des formes à fixer. Il pense que les classes inférieures, et même que les classes moyennes, ne sont
ni assez éclairées , ni assez désintéressées , ni assez
indépendantes pour avoir une part directe dans le
gouvernement de l'état : il estime qu'on fait un
très-grand tort à la richesse sociale, en dérangeant
ces classes de leurs travaux, et en excitant leur am-

bition pour les honneurs et les places, auxquels un très-petit nombre de leurs membres peuvent seuls parvenir. Il est persuadé que ceux qui ne réussissent pas sont rendus beaucoup plus malheureux par les espérances déçues, qu'ils ne l'auraient été s'ils n'avaient jamais pensé pouvoir sortir de leur condition, et qu'enfin les travaux immenses qu'il leur a fallu entreprendre pour se mettre en état de concourir, sont perdus pour eux et pour tout le monde. Il n'entend contracter envers les classes pauvres d'autres obligations que celles qui résultent des préceptes de la charité chrétienne, préceptes qui ne donnent aux pauvres aucun droit rigoureux qui puisse se résoudre en une action civile (*).

Il est vraisemblable qu'il n'existe, ni pour le présent ni pour l'avenir, aucun moyen de réaliser ce système; qu'aucun revirement d'opinion ne peut

____

(*) Il est certain qu'il y a, parmi les légitimistes, des hommes qui veulent autre chose, et qui ne repoussent pas d'une manière aussi absolue toute innovation et tout perfectionnement révolutionnaires. Ce serait une injustice que de le méconnaître : mais il est fort douteux que, si leur parti avait la victoire, ils se trouvassent en majorité, et qu'on tînt compte des concessions qu'ils font aux nécessités du temps et à l'esprit du siècle.

lui assurer de chances, et que la combinaison électorale la plus favorable ne produirait pas l'effet
attendu. Cela est plus rassurant que triste, car, de
bonne foi, on peut douter que le bien-être de l'humanité se trouvât augmenté par cette restauration
de la vieille monarchie.

Quel serait d'ailleurs celui des règnes passés que
le parti dont il s'agit prendrait pour type de son
gouvernement? Serait-ce celui de Louis XI, de
Richelieu, de Louis XIV ou de Louis XV? Mais à
quelle époque, depuis 1789, le peuple a-t-il été
plus malheureux que sous chacun de ces règnes
brillants? A quelle époque les guerres étrangères
et les divisions intestines ont-elles plus profondé-
ment ébranlé l'ordre matériel, et compromis les
richesses publiques et privées? A quelle époque
le sang du peuple a-t-il coulé par de plus lar-
ges blessures? A quelle époque l'oppression et la
misère ont-elles été plus grandes? l'immorali-
té des seigneurs plus scandaleuse, les persécu-
tions religieuses et politiques plus atroces, l'humanité plus avilie, les saturnales du pouvoir plus dé-
lirantes? L'ancienne monarchie et l'ancienne répu-

blique peuvent régler leurs comptes quand il leur plaira , celle-ci n'aura pas de reproches à recevoir de l'autre sur les journées sanglantes et tyranniques. Mais quand arrivera le chapitre des belles actions, des réformes et des institutions utiles à l'humanité, quelle compensation la monarchie offrira-t-elle à la république ?

Sous le règne du parti légitimiste , n'aurait-on pas à craindre que les riches et les hommes d'ancienne extraction ne voulussent exclure les autres classes de la participation directe au pouvoir, que pour s'adjuger , sans contrôle , les honneurs , les offices profitables , les gros traitements , les énormes pensions et les grasses indemnités , que pour alléger leur part de contribution dans les charges et les besoins de l'état, et rejeter ce fardeau sur ceux du *commun et du bas peuple*? Ne serait-il pas à craindre aussi que cette vertu de la soumission chrétienne, tant recommandée par les hommes du ciel, ne devînt un instrument d'oppression au profit des puissants et des grands du monde ? Car , enfin , ce qui s'est vu jusqu'à présent, sans exception, pourquoi ne le verrait-on plus ? serait-ce que ce parti se seraitmontré plus désintéressé, pendant la restauration, qu'il ne l'avait été depuis plusieurs siècles ?

Je n'accuse pas les intentions des personnes ; j'ai de l'estime pour un grand nombre de légitimistes ; leur probité et leur moralité ne me sont nullement suspectes. Mais on me dirait en vain qu'ils veulent gouverner et non pas tyranniser ; car je répondrais que je crois cela impossible. Les vertus privées et les sentiments particuliers de générosité s'évanouissent quand il s'agit de l'intérêt ou des passions des castes auxquelles on appartient. Dès qu'on agit en commun, il n'y a plus de garantie morale contre les injustices et les sentiments implacables. L'inté-rêt de parti et ses passions, même les plus honteuses, se transforment en nécessités sociales, et les obstacles sont enlevés *per fas et nefas*. Tel homme, riche en rentes et en gras pâturages, soulage avec joie les misères individuelles de la classe souffrante, qui, s'il est député, votera sur les bestiaux étrangers un droit d'entrée, qui procurera à lui et à ses voisins, riches comme lui, une augmentation considérable de revenus, destinés à être dépensés en jouissances su-perflues et souvent destructives des bonnes mœurs.

2

Il n'aura aucun remords d'avoir, dans un intérêt aussi peu légitime, réduit des millions d'estomacs à l'abstinence d'aliments nécessaires [*].

Il faut donc ne pas trop se presser de donner au parti des riches la direction exclusive des affaires publiques; car c'est souvent comme si l'on faisait arrêter par une assemblée de boulangers, les tarifs du prix du pain, dans les lieux où il est soumis à la taxe municipale.

§. II.

De la réforme électorale qui donnerait au parti légitimiste la direction des affaires de la nation.

Il n'est pas certain que, quant à présent, ce parti veuille substituer un autre gouvernement royal à celui qui nous régit. Il ne demande qu'une réforme électorale, sauf ensuite à faire ce qu'il croirait dans l'intérêt de la France. Les principaux organes de son opinion réclament *le suffrage universel*; mais ils évitent

---

[*] Le droit de 50 fr., établi par chaque tête de bœuf gras, pour l'entrée en France par les frontières, augmente le prix de la viande de 20 cent. par kilogramme; c'est-à-dire de plus d'un quart, de la valeur totale, et empêche plusieurs millions d'individus d'en acheter pour leur consommation. Tout cela afin de procurer aux propriétaires d'herbages, déjà très-riches, une augmentation importante de revenus. Le revenu de tout herbage pouvant engraisser quarante bœufs dans un an, est augmenté de 2,000 fr. par cette taxe.

d'employer l'expression *vote*. Quoiqu'il en soit , des explications qu'ils donnent, il est difficile de comprendre la différence de signification de ces deux locutions, quand on les applique à des opérations électorales ; ainsi leur principe n'est pas encore nettement formulé, et le mode pratique n'en est point indiqué.

Cependant le but du parti serait manqué si *le suffrage universel*, quel qu'il soit, ne donnait pas la majorité à ses adhérents ; soit pour conseiller la royauté forte qu'il rêve , soit pour exercer dans l'administration du pays l'action de cette royauté. Il ne doit pas ignorer qu'en général les grandes masses ont une profonde antipathie pour le choix de ses membres (les rivalités et les souvenirs politiques et religieux ne paraissent pas devoir s'amortir de sitôt) ; mais il compte avoir de l'influence dans la commune , et surtout dans la *commune rurale* (*).

(*) Il ne faut pas croire légèrement à l'imputation qu'on fait aux légitimistes de ne vouloir de la réforme que de mauvaise foi , et que dans l'intention d'amener par elle une anarchie et une démagogie tellement effrénées et sanglantes , que tous les autres partis en viennent à se trouver heureux d'échapper à tant de maux par une restauration de la vieille monarchie . Quoique cette imputation leur soit faite dans une brochure d'un mérite incontestable , qui vient d'être publiée en An-

Depuis 1830, en effet, un changement notable s'est opéré dans les habitudes des légitimistes ; ils ont quitté les villes pour se soustraire au service de la garde nationale, qui leur paraissait humiliant, parce qu'il fallait obéir à des chefs auxquels ils avaient quelquefois commandé, parce qu'il fallait supporter la camaraderie des bourgeois et des prolétaires pendant la durée du service, et parce que d'ailleurs ils gardent rancune à l'institution, à cause de sa complicité dans la révolution de 1830.

Cette fuite, qui, selon toute probabilité, devait les éloigner de plus en plus des affaires publiques, leur a pourtant donné de l'ascendant là où ils sont allés s'établir, quand ils ont bien voulu y faire un usage raisonnable de leurs richesses, et ne pas se montrer trop dédaigneux envers leurs voisins. C'est cet ascendant, joint à celui du pasteur spirituel, qui

gleterre, sur *l'Imminence d'une crise en France*, et qu'on attribue à lord Brougham, ce serait par trop mal présumer de leur moralité que de leur supposer une aussi coupable pensée ; ce serait manquer à la justice qu'on doit à tout le monde, et même à ses adversaires. Du reste, si telle devait être la fin qu'ils se proposent, une punition bien sévère, mais méritée, viendrait bientôt les désabuser de leur illusion. Ils sont guidés par des chefs trop habiles pour ne pas savoir cela, et c'est une preuve évidente que ce n'est pas là le but où ils aspirent ; car quelques désintéressés qu'on les suppose, ils ne le sont pas assez pour vouloir d'une restauration dont ils seraient à peu près sûrs de ne pas profiter personnellement.

leur fait espérer les faveurs du suffrage de *la commune rurale* ; mais pour en tirer tout l'avantage
convenable, il faudrait établir l'élection à plusieurs
degrés : tous les habitants devraient être appelés
à la commune même pour y donner leurs suffrages
à un petit nombre d'hommes offrant des garanties
de fortune , lesquels éliraient, au chef-lieu de département ou d'arrondissement, un plus petit nombre d'hommes présentant aussi des garanties de
fortune : ces derniers seraient investis du mandat
représentatif.

Il est présumable que , dans ce système , on ne
demanderait aucune indemnité ni pour les électeurs de second degré , ni pour les députés.

Toute combinaison, qui s'éloignerait essentielle-
ment de celle dont on vient de parler, serait sûrement
défavorable au parti légitimiste.

On voit quel vaste champ on ouvrirait à la corruption, et le dommage certain qui en résulterait
pour la société.

CHAPITRE IV.

DU PARTI DE LA CLASSE MOYENNE.

Le parti de la classe moyenne désire une réforme qui consolide le pouvoir en ses mains , qui le maintienne en possession des avantages qu'il procure, et qui en exclue formellement ceux qui appartiennent à des familles titrées , contre lesquelles il conserve des sentiments d'une jalousie rancunière. Il entend que cette classe contribue , au moins pour sa part , dans les charges publiques. Le pouvoir religieux l'a autrefois forcé d'être hypocrite , et il ne lui a pas encore pardonné ; il affecte vis-à-vis de lui une indifférence qui cache au fond un peu de haine et beaucoup de répulsion. Il voudrait contenir sévèrement la classe des prolétaires qu'il hait moins, mais qu'il redoute plus que l'aristocratie. Il n'est disposé à lui faire d'autres concessions gratuites que celles de l'instruction primaire, renfermée dans des limites assez étroites. Il se compose d'environ cent soixante mille familles, représentées par autant d'électeurs à 200 fr., au moins, de contributions directes. C'est avec ce parti que le chef actuel de la secte des doctrinaires veut gouverner la France; il a cependant moins de penchant pour la fraction libérale que pour la fraction aristocratique ; car il s'en faut de beaucoup que le parti de la classe moyenne soit homogène, quoiqu'il soit lié par quelques sentiments et des intérêts communs.

Il comporte deux grandes divisions , les conservateurs et les progressifs.

§. Ier.

Des conservateurs.

Les conservateurs sont plus nombreux à la chambre des députés que dans le pays ; ils doivent cet avantage à l'adjonction des fonctionnaires publics et à l'appui d'une *auguste* approbation.

L'opinion des conservateurs ne diffère guère de celle des légitimistes , des rangs desquels ils sont pour la plupart sortis. Comme ils sont passés à l'ennemi avec armes et bagages , la couleur de leur drapeau et de leurs cocardes n'a été changée que pour la forme ; au fond , leurs sentiments et surtout leurs intérêts, sont restés les mêmes. Les dogmes et la morale politiques sont des objets communs entre eux et l'aristocratie : seulement les conservateurs deviennent schismatiques quand il s'agit de déterminer les limites du sens à attribuer au mot *légitimité*, et l'application de ce que signifie ce mot à l'ordre actuel de choses; pourtant ces hommes ne sont pas tellement entêtés dans leur opinion qu'ils ne consentissent bien à un rapprochement, s'il ne fallait faire aucun sacrifice d'argent ou de positions acquises. Je n'oserais pas dire de leur moralité particulière ce que j'ai dit de celle des légitimistes purs. Du reste , d'accord sur les conditions de la royauté , s'ils pouvaient s'entendre sur le choix de la personne royale , les conservateurs demanderaient des réformes analogues à celles dont j'ai parlé dans le chapitre précédent.

C'est cette tendance et cette division qui ont affaibli le parti dit du *juste-milieu*.

Quant aux fonctionnaires publics, ils sont armés de boules qui comptent au scrutin comme celles des autres citoyens ; mais ils n'ont point en général d'opinion politique ; comme ils ont administré, ils administreront au nom de tous les systèmes possibles ; leur concours et leur dévouement furent acquis à l'*empire* et à la restauration, ils le sont au gouvernement de la révolution de Juillet, ils le seraient à la république *socialiste* ou *démocratique*. Ils sont prêts à faire à leur gouvernement toutes sortes de concessions ; ils voteront constamment pour la conservation et l'agrandissement de ses priviléges. Ils ne désirent, du reste, aucune réforme, si ce n'est un peu d'avancement dans leur carrière et quelques petites augmentations de traitement, et en cela ils ne sont pas toujours très-déraisonnables.

L'opinion publique s'est prononcée à leur égard ; elle voudrait qu'on respectât assez leur position pour ne les charger d'aucune mission politique, dans laquelle il soit quelquefois nécessaire d'avoir un avis opposé à celui du gouvernement.

§. II.

Des réformateurs progressifs.

C'est le vieux parti libéral, élevé sans doute dans la crainte de Dieu, mais nourri dans la défiance de ses ministres et du pouvoir temporel des rois.

Les observations qu'on a lues en tête de ce chapitre s'appliquent plus généralement aux réformateurs progressifs. Ils ne craignent rien tant que l'invasion des classes aristocratiques et du clergé dans les affaires du gouvernement : parce qu'ils ont remarqué dans la couronne un penchant fortement prononcé vers ces deux classes ; ils ont tâché de faire prévaloir la maxime : « *Le roi règne et ne gouverne pas :* » maxime sans laquelle, pour dire vrai, il ne peut y avoir de gouvernement représentatif sérieux.

Ce parti ne manque ni de capacité, ni d'habileté, seulement il a *peur* ; il voudrait ne pas pousser la lutte avec la prérogative royale de manière à nécessiter l'intervention des classes inférieures, avec lesquelles il désire ne pas avoir à compter après la victoire. S'il parvient à s'installer solidement aux affaires, il est vraisemblable qu'il laissera revenir les abus qu'on a reprochés à l'aristocratie, qu'il remplacera par substitution de personnes ; tout exclusif et tout étroit qu'il est, il a cependant rendu d'immenses services à la liberté. Il possède d'honorables individualités d'un dévouement plus désintéressé que ne devraient le comporter les conséquences de ses principes. Il n'est pas éloigné d'admettre, à titre de réforme électorale, l'adjonction des *capacités*. Ces capacités ont pour le moment à peu près la même nuance d'opinion que lui, et exercent une influence qu'il doit ménager. D'ailleurs cette adjonction pourrait le débarrasser des fonctionnaires publics, trop dévoués au pouvoir qui les nomme ; elle remplirait, avec avantage, dans le corps des éligibles, les lacunes que ces mêmes fonctionnaires publics y laisseraient.

Comme ce parti a une grande habitude de la tribune, qu'il renferme en son sein de grands talents oratoires et des hommes d'affaires consommés, il ne craint pas que les électeurs songent à le remplacer dans la chambre. Il ne balancera donc pas à accorder une indemnité aux députés pendant le cours des sessions législatives; son intérêt se trouvera en cela d'accord avec la justice et l'équité ; il ira jusqu'à déclarer éligibles tous les inscrits sur la liste des électeurs. Il ne répugnera peut-être pas non plus à un certain abaissement du cens électoral, mais il s'arrêtera là. C'est déjà beaucoup, pourtant ce n'est pas encore assez ; car il est dérisoire que moins de 200 mille individus, et même, si l'on veut, le double de ce nombre, soient appelés seuls, sans contrôle et sans mandat d'aucune espèce, à gouverner neuf à dix millions d'hommes, tout aussi intéressés qu'eux à exercer des droits politiques, et à influer sur les lois qui doivent leur commander. C'est un privilége que rien ne justifie, ainsi que cela va être démontré dans les chapitres suivants.

CHAPITRE V.

DES PARTIS SOCIALISTES.

Les gens de cour et leurs écrivains gagistes ont l'habitude, pour épouvanter avec la fantasmagorie de souvenirs sanguinaires, de confondre, sous le titre de *républicains anarchistes*, les hommes qui réclament des droits politiques pour toutes les fractions du peuple français, et les partis, peu nombreux, qui veulent une refonte radicale des institutions de la société. C'est une manœuvre qui, depuis 1830, a endormi les masses sur les entreprises tentées contre les libertés publiques.

Ce que les alchimistes étaient aux sciences physiques, les socialistes le sont aux sciences d'économie politique et sociale. Ils pensent pouvoir refaire la société de toutes pièces et l'organiser de manière à ce qu'il ne manque rien au bonheur de l'humanité. Aucun sacrifice ne leur coûte, ils perdent leur repos et prodiguent leur courage pour la réalisation de cette idée, qui n'est malheureusement qu'une chimère. Il en sera d'eux comme il en est aujourd'hui des *chercheurs d'or* , quand l'économie sociale sera parvenue à ses derniers développements. On peut les réduire à deux classes principales : les uns , comme les Saint-Simoniens , veulent distribuer les avantages politiques et les richesses sociales à *chacun selon sa capacité.* Ceux-ci se sont mis à l'œuvre et l'ont déjà abandonnée; les autres , comme les Babouvistes [*] , veulent attribuer ces mêmes avantages et ces mêmes richesses sociales aux travailleurs ; tous ceux qui peuvent travailler et ne le font pas , sont considérés par eux comme inutiles et à négliger. Les Saint-Simoniens et les Babouvistes ont cela de commun entre eux, qu'ils ne pensent pas qu'une révolution politique soit suffisante, et qu'ils croient qu'il y a nécessité en même temps d'une révolution sociale. Ils sont les opposés extrêmes des conservateurs. Ces partis sont comme des plaideurs acharnés qui refusent de s'accorder même ce qu'il y a de plus incontestable dans leurs prétentions réciproques. Les uns disent : *Le gouvernement*

[*] Disciples de Babeuf.

n'appartient qu'à ceux qui possèdent : les pauvres et les travailleurs n'ont droit à rien, pas même à vivre ; nous ne sommes point astreints à pratiquer vis-à-vis d'eux les conseils de la charité évangélique, nous sommes seulement libres de les suivre en vue des jouissances que procurent une bonne conscience et une ame compatissante. Les autres répondent : « Le gouvernement n'appartient qu'à ceux qui travaillent ; les biens de la terre ne sont pas à ceux qui les possèdent, seulement parce qu'ils les possèdent ; ils appartiennent à l'humanité, et la société doit les distribuer en paiement du travail ; ils ne peuvent appartenir à personne qu'après avoir été acquis de cette manière. »

Les prétentions des uns ne sont pas plus admissibles que celles des autres. Mais quand les *socialistes* voient les *conservateurs* intriguer et se démener pour fair consacrer leur doctrine, ils préparent des résistances violentes ; l'émeute arrive, et les vengeances après le combat.

Pour en finir avec les partis socialistes, il faut se hâter de dire qu'ils ne trouveront aucune sympathie dans les masses. Cette répulsion, à peu près unanime, n'est point l'effet de l'injustice ou de l'ignorance , c'est l'instinct de la liberté et le sentiment du véritable intérêt général. Les socialistes , en effet, remplaceraient une classe privilégiée par une autre classe privilégiée , et substitueraient une tyrannie à une autre tyrannie.

Ce n'est pas qu'ils n'aient dévoilé les misères sociales avec une effrayante vérité ; mais les remèdes qu'ils proposent sont tels, que s'ils ne sauvaient pas ils tueraient certainement, et il y aurait d'autant plus d'imprudence à les employer , que les chances de mort sont incomparablement plus certaines que celles de guérison.

Comme cependant ils ne sont égarés que par des sentiments généreux , mais exagérés contre l'injustice des gouvernants envers les parias de la société, il est certain qu'ils se calmeront quand l'équité présidera au maintien des droits et à la distribution des devoirs de chacun.

CHAPITRE VI.

DES CLASSES DE LA SOCIÉTÉ DITES INFÉRIEURES.

Elles renferment, ces classes que l'on qualifie d'inférieures, plus de huit millions d'hommes âgés de vingt-cinq ans et au-dessus ; il faut les prendre, depuis ceux qui paient un centime moins de 200 fr. de contributions directes jusqu'à ceux qui n'en paient point du tout, et qui n'ont d'autre capital pour les faire vivre que la faculté de travailler de leurs bras ou de leur intelligence. En font partie des médecins, des avocats, des avoués, des savants, des littérateurs, des écrivains, des orateurs, des artistes, des professeurs de toutes les sciences humaines et de tous les arts, des marchands, des fabricants, des chefs d'ateliers, à peu près les travailleurs de tous genres, des officiers de tout grade de terre et de mer, et même des aides-de-camp du roi, des soldats de toute arme. Les classes inférieures, enfin, comprennent la nation tout entière ; car si on ne fait attention qu'au nombre , les classes supérieures et moyennes sont comme une de ces légères fractions arithmétiques qu'on peut négliger sans nuire à l'exactitude de l'opération.

Cependant tous ces hommes ne sont point citoyens français , cela est difficile à comprendre et dur à exprimer ; mais enfin , ce ne sont que des *prolétaires* : c'est tout au plus si l'on permet à quelques-uns d'eux d'élire ceux qui commandent et dirigent les patrouilles que ces braves gens organisent pour veiller au maintien d'un système politique où ils n'ont d'autre part que celle des charges. — On n'en appelle pas moins cela *gouverner le pays par le pays*. Dans la vérité, les classes dont il s'agit, sont, relativement aux droits politiques, ce qu'étaient chez les anciens, et ce que sont chez les modernes les esclaves relativement aux droits civils et humanitaires. Comme ceux-ci n'étaient point compris dans les personnes, mais classés dans les choses privées appartenant à un maître, de même ceux-là ne sont point non plus personnes politiques, mais choses publiques qu'on administre sans les consulter, sans crainte de gêner leur liberté, et de froisser leurs droits.

Pour tenir les esclaves en sujétion, et pour innocenter les mauvais traitements dont on les accablait, on allait jusqu'à les rayer de l'humanité. *Oh demens! ita servus homo est?* disaient, du temps de Juvénal, les impérieuses romaines à leurs époux. Dans le même but, de savants casuistes chrétiens mettaient en doute si les nègres et les Indiens avaient des ames.

C'est par des raisons, à peu près de pareille force, et tout aussi concluantes, que nos maîtres politiques éloignent de la participation aux affaires publiques tous ceux qui n'ont pas le bonheur de payer annuellement 200 fr. de contributions directes.

On dit qu'ils sont sans capacité et sans intérêt, parce qu'ils ne possèdent pas une fraction assez importante de la terre de France, parce qu'ils ne paient pas une cote assez élevée des contributions qui, seules entre toutes, donnent une garantie suffisante de capacité politique. Ceci veut dire qu'encore bien qu'on ait changé, en 1830, la dénomination de *roi de France* en celle de *roi des Français*, on n'en a pas moins entendu que le système politique, présidé par la royauté du 7 août, continuerait à représenter féodalement *la terre de France*, et non pas les *Français* ; de sorte qu'on n'estime les individus que par le prix des biens qu'ils possèdent.

Mais s'il en est ainsi, à quoi bon une révolution !

Quoi qu'il en soit, ce motif de l'exclusion d'une classe si nombreuse qu'elle compose la nation française tout entière, est une puérilité. En fait, cette classe possède une portion du territoire et de l'industrie, incomparablement plus considérable que celle appartenant aux deux cent mille citoyens qui sont inscrits sur les listes électorales, et qui jouissent des droits et des avantages politiques.

En effet, ces derniers ne paient pas un quart dans les contributions foncière, personnelle et mobilière, et ils contribuent pour une proportion beaucoup inférieure dans l'impôt des patentes : pour être conséquent avec le principe de la représentation de *la terre et de l'industrie française* dans les pouvoirs législatifs, il aurait fallu faire un certain nombre de divisions de l'une et de l'autre, et attribuer pour chacune d'elles la représentation collectivement à tous ceux qui les auraient possédées. Pour l'exécution de ce système, on aurait pu, par exemple, prendre dans chaque département, les cotes les plus élevées jusqu'à concurrence de 500 mille fr., et l'on aurait attribué au collége de ceux qui les auraient payées la nomination d'un député ; on aurait continué à former un deuxième collége des plus hauts imposés après les premiers, toujours jusqu'à concurrence de 500 mille francs, et l'on aurait encore attribué à ce collége la nomination d'un député, en allant ainsi de suite jusqu'à l'épuisement de toutes les contributions directes de chaque département.

On aurait adopté aussi des combinaisons analogues pour faire concourir, de la même manière, l'industrie à la représentation.

Dans cette hypothèse, les personnes ne seraient, il est vrai, considérées pour rien, mais la propriété et l'industrie seraient véritablement représentées. Tandis que dans le système bâtard qui nous régit, tout est déception, tout est paralogisme. Les personnes et les choses sont livrées, sans discernement, à l'arbitraire d'individus qui n'ont pas même d'intérêts analogues à ceux qu'ils paraissent chargés de défendre. Cependant ces privilégiés, qui ne supportent pas un quart des charges directes, profitent de tous les avantages du gouvernement : honneurs et places, tout leur est réservé. L'injustice de cette position devient bien plus frappante encore, si l'on passe des charges directes à celles qu'on appelle indirectes.

Pour ne parler que des impositions indirectes ordinaires, telles que les boissons, les sels, les tabacs, les douanes, les postes, qui s'élèvent à plus de 400 millions, les deux cent mille électeurs ne paient, pour eux et leurs familles, qu'à peu près 10 millions : c'est-à-dire, un quarantième. Ils ne contribuent pas pour une proportion plus élevée dans les charges particulières et locales, telles que les octrois, les prestations en nature, les logements militaires, le service de la garde nationale, et surtout le recrutement des armées [*]. Au contraire,

(*) D'après l'état C. annexé au Budget de 1838 (*loi du 20 juillet 1837*), le montant des contributions indirectes ordinaires, est évalué à 417,200,000 francs. Les taxes qui les composent, portant sur des objets dont la consommation, par les électeurs et par ceux qui ne le sont pas, est à peu près égale, la répartition doit s'en

la pesanteur de ces charges porte presque entièrement sur le commun peuple.

faire par têtes. Pour savoir dans quelle proportion les 200 mille électeurs y contribuent, il faut prendre la totalité de la population en hommes, âgés de 25 ans et plus, et supposer que l'impôt est acquitté par chacun, tant pour lui que pour une famille, qui comprendra nécessairement les femmes et tous les autres individus, au-dessous de l'âge de 25 ans, à qui on ne confie l'exercice d'aucuns droits politiques. On trouve par les *Tables de la population en France* (a), que le nombre d'hommes de 25 ans et au-dessus est approximativement de huit millions et demi. De sorte que les deux cent mille électeurs se trouvent, relativement aux non électeurs dans le rapport approximé de 1 à 42, et qu'ils ne contribuent à l'acquit de l'impôt que dans cette proportion. Il est certain que cette manière de calculer est encore fort à l'avantage des riches, qui consomment moins des boissons ordinaires et des eaux-de-vie que les classes de travailleurs. D'un autre côté, le commun peuple consomme des qualités tout-à-fait inférieures. Les qualités les plus élevées entrent seules dans la consommation des riches. L'eau-de-vie du pauvre coûte, 1 fr. le litre, et celle du riche vaut 3 fr. Le vin que boivent les gens médiocrement aisés, se vend de 30 à 40 fr. l'hectolitre; les riches s'approvisionnent avec des qualités valant quelquefois 800 francs l'hectolitre. Cependant ces qualités différentes acquittent des droits égaux, pour leur circulation sur les routes, et leur entrée dans les villes. Encore arrive-t-il souvent que les propriétaires riches fraudent les droits d'octrois, en faisant déposer à leur maison de campagne voisine, des vins et des eaux-de-vie qu'ils entrent ensuite, en détail et sans déclaration, au fur et à mesure des besoins de leur consommation à la ville. Il est étonnant qu'on n'ait pas encore trouvé le moyen de frapper de taxes, proportionnelles à la valeur, les qualités différentes des boissons, comme on le fait à la douane pour la perception des droits imposés en proportion de la valeur de la marchandise. Pourquoi, par exemple, n'oblige-t-on pas le vendeur, qui délivre les congés, à déclarer le prix des boissons auxquelles il veut les appliquer, pour les soumettre à un droit proportionnel, en donnant à l'administration la faculté de préempter jusqu'à destination : c'est-à-dire de prendre les boissons pour le prix déclaré, en y ajoutant un dixième ou un huitième, en sus, dont profiterait l'acheteur ? Je sais bien que les marchands qui vendent ces boissons, et les riches qui les consomment, jetteraient les hauts cris contre l'adoption de cette mesure. — Mais enfin, s'il est impossible que cet impôt soit perçu d'une manière égale et équitable sur les riches et sur les pauvres, il faut le supprimer tout-à-fait, et le remplacer par un autre moins onéreux pour les classes nécessiteuses, et par lequel les riches puissent être atteints.

(a) V. l'*Annuaire du bureau des longitudes*, année 1838, page 184.

.La raison se refuse à ce qu'on puisse légitime-
ment imposer à ses compatriotes de pareils far-
deaux, sans avoir reçu d'eux aucun mandat ; des
obligations de cette nature ne devraient pas être
prises pour eux sans leur consentement.

Il faut donc pour rentrer dans la vérité du gouvernement représentatif, appeler cette immense
classe du peuple à participer à la nomination des
mandataires chargés de s'obliger en son nom, et
de veiller à ce que la société ne devienne pas
pour elle une véritable association *Léonine*, où toutes les pertes soient supportées par la nation, et où
tous les profits soient recueillis par quelques privilégiés, déjà mieux traités de la fortune que les
autres.

C'est vers la réalisation de cet ordre de choses
que tendent les efforts du parti démocratique.

CHAPITRE VII.

DU PARTI DÉMOCRATIQUE.

Le parti démocratique voudrait ôter à la richesse toute influence exclusive. Il voudrait que le mérite fût seul appelé à exercer les fonctions publiques, sans autres garanties que celles de la probité et d'une bonne moralité. A probité, moralité et mérite égaux, il accorderait la préférence aux pauvres sur les riches, afin de les encourager par un avantage dont ces derniers peuvent se passer. Il est partisan de la division des propriétés, et il admettrait dans la législation, tout ce qui pourrait, par des moyens licites et approuvés par la raison, contribuer à rendre propriétaires le plus grand nombre d'individus possible [*]. Le parti démocra-

---

[*] Ce qu'on a dit de lui relativement aux lois agraires, est de la grossière calomnie que des intrigants soufflent à l'oreille des niais ; on ne doit s'occuper de ces tartufes que pour les mépriser.

tique est convaincu que la société est obligée de fournir à tous ses membres, quand ils le réclament, le travail, ou au moins les choses nécessaires à la conservation de l'existence. Cela, sans doute, dans des bornes assez restreintes ; mais, au moins, dans la mesure où les prisonniers reçoivent ces choses dans les maisons de détention ; car il est affligeant de penser, et il est immoral que les honnêtes gens pauvres soient dans la société de condition pire que les voleurs et les scélérats dans les prisons.

Mais il n'admet pas qu'on puisse exiger de qui que ce soit le sacrifice de sa propriété mobilière ou immobilière, sans indemnité, parce qu'il croit que la société doit être assez juste pour ne demander que ce qui lui appartient comme être moral et collectif.

Afin que l'égalité des droits ne soit pas une illusion, l'instruction publique serait gratuite dans tous ses degrés : l'instruction primaire serait générale, celle des autres degrés serait offerte à toutes les supériorités intellectuelles, dans les limites des besoins de l'état pour l'exercice des fonctions publiques, sans préjudice de la liberté de l'enseignement , pour tous ceux qui le voudraient en dehors des établissements nationaux (*).

Le parti démocratique accorderait la liberté la plus complète à tous les pouvoirs religieux, à la condition de ne pas sortir de leur objet.

Ce parti a dans la nation un grand nombre d'adhérents, dont la mission est de développer et de faire triompher les principes politiques de la révolution commencée en 1789. Ils inscrivent sur leurs bannières, *liberté, justice, égalité de droits politiques et civils pour tous les Français. Gouvernement du pays par tout le pays.*

(*) Ceux qui auraient reçu l'instruction supérieure dans des établissements particuliers, ou qui l'auraient acquise d'une manière quelconque, seraient, après avoir satisfait à des conditions d'examen, admis à concourir pour remplir les offices publics avec ceux qui auraient fait leurs études dans les établissements nationaux; on devrait les accueillir d'autant plus facilement, qu'en définitive ils n'auraient rien coûté à l'état. On pourrait ainsi avoir un corps d'individus aptes aux fonctions publiques dans différents degrés. C'est alors que ces mêmes fonctions pourraient être mises sans inconvénients à l'élection. Ce mode serait même avantageux au gouvernement général, il le débarrasserait de la responsabilité des choix et des ressentiments qu'ils occasionnent. Car pour chaque place dont le pouvoir dispose, il y a, terme moyen, dix candidats; ce n'est pas ordinairement celui qui a le plus de droits, mais c'est le plus intrigant qui l'emporte. Ceux qui sont évincés se retirent mécontents, et passent dans l'opposition passionnée avec la conviction, très-souvent fondée, qu'ils ont été victimes d'une injustice. De sorte que, pour un partisan que le pouvoir acquiert à chaque nomination, il se fait neuf ennemis, qui débilitent sa force matérielle et morale dans la mesure de leur puissance.

Depuis 1830, il s'est trouvé bien des contrefacteurs de leurs doctrines; bien des charlatans et des hypocrites ont emprunté leur manteau, pour se pousser et se maintenir aux affaires; bien des faux frères les ont trahis pour de l'or et des honneurs; malgré tout cela, ils poursuivent infatigablement leur tâche à travers tous les obstacles, et méprisent les calomnies; ils ne s'arrêteront que quand ils auront obtenu ce qu'ils demandent, et ils veilleront encore pour le maintenir; il faut bien qu'ils soient aussi infatigables dans l'intérêt de la défense d'une cause juste, que le sont leurs ennemis dans la défense de leurs priviléges. Les gens de bonne foi, mais qui ne partagent pas encore toutes les convictions démocratiques, finiront cependant par s'en rapprocher, lorsqu'ils auront définitivement reconnu que cette cause des priviléges est perdue sans appel, et qu'ils compromettraient inutilement leur valeur personnelle en continuant de la soutenir. Les démocrates seront toujours prêts à les accueillir avec les égards et la distinction qu'ils méritent par leurs talents ou par leur moralité.

Il y a déjà un grand pas de fait dans cette voie

de rapprochement par l'unanimité avec laquelle tous sollicitent la révision des lois électorales.

CHAPITRE VIII.

DE LA RÉFORME ÉLECTORALE QUI CONVIENDRAIT AU PARTI DÉMOCRATIQUE.

M. de Talleyrand disait à Louis XVIII , qui le consultait sur le projet de la loi du 5 février 1817, dont un des articles portait *que les députés à la chambre ne recevraient ni traitement ni indemnité.* « Sire , une chambre gratuite sera bien chère. » Cette réponse fut prise pour une simple épigramme , et l'on n'en tint pas compte.

Cependant l'expérience de vingt-trois années a prouvé toute la sagacité et la vérité de la remarque du vieux diplomate : rien n'a coûté plus cher, en effet, que la chambre gratuite. Il est bien peu de ses députés qui n'aient trouvé moyen de se dédommager du sacrifice de leur temps, et de l'abandon de leurs affaires privées.

Ce n'était pas, du reste, par économie que Louis XVIII avait fait adopter cette mesure ; il savait fort bien ce qu'il en serait ; mais il voulait restreindre les éligibles, de manière à ce que les mêmes hommes revinssent toujours en majorité, et à ce qu'il n'eût à les corrompre qu'une fois. Il ne tenait pas à donner à la France des libertés et des franchises réelles, il voulait seulement qu'il lui semblât en avoir. Une des mille choses, qui avaient le plus contribué à faire haïr ses prédécesseurs, était la levée des impôts. Il se débarrassait de ce soin sur un corps qu'il se réservait d'avoir à sa dévotion, pour lui en faire assumer tout l'odieux.

Malgré cela, tous les députés ne lui furent pas vendus ; la liberté trouva parmi eux de généreux défenseurs ; mais ils se rencontrèrent toujours en minorité dans la chambre. Ils y seraient peut-être encore ! sans les maladresses de son successeur, qui compromit sa majorité par des indiscrétions et des exigences, et qui la perdit par son extravagant coup d'état.

Cette facilité, accordée à un pouvoir corrupteur de mettre toujours de son parti la majorité de la chambre, rendait dérisoire le contrôle de celle-ci sur les actes de l'administration.

Les mêmes causes ont amené les mêmes résultats depuis 1830; rien n'ayant été changé aux principes, les conséquences ont suivi.

Il n'y aura maintenant de vérité dans la représentation nationale, qu'autant qu'on abrogera la loi qui rend la fonction des députés gratuite : d'ailleurs un pays aussi riche que la France doit indemniser ceux qui consacrent leur temps et leurs veilles à diriger ses affaires ; c'est un moyen de réveiller chez eux l'amour du devoir s'il venait à s'assoupir, et de les garantir contre les séductions et la corruption.

La première réforme, et la plus urgente à faire à la représentation nationale, est donc d'accorder une indemnité raisonnable aux députés pendant la session. Cette indemnité ne doit point être abandonnée à la discrétion du gouvernement ; mais elle doit être réglée par la loi, dans des limites convenables.

Ce premier point obtenu, il en reste un autre, qui n'a guère moins d'importance ; c'est l'abolition du cens d'éligibilité.

Cette seconde réforme est la conséquence de la première, sans laquelle elle serait impraticable.

Le nombre des éligibles étant aujourd'hui restreint à des censitaires payant au moins 500 francs de contributions directes, il en résulte qu'il n'y a presque aucun choix à faire. Il y a, pour toute la France, quarante et quelques mille individus payant 500 francs et au-dessus de contributions directes. Sur ce nombre, il n'y en a qu'un vingtième qui consentent à être députés, ou qui aient, je ne dis pas la capacité, mais les conditions extérieures pour le devenir. De sorte que le choix, pour chaque député, flotte forcément entre cinq individus au plus. Il y a même des départements où le nombre des députés à élire est plus considérable que celui des candidats possibles. Le corps électoral se trouve exactement dans la position de ces amateurs à qui un joueur de gobelets fait choisir une *carte forcée* sur plusieurs autres dont il connaît la couleur et la valeur.

Il faut souvent se résigner à prendre, bon gré, mal gré, des fonctionnaires publics. On donne ainsi une apostille favorable aux pétitions qu'ils présentent au pouvoir pour s'avancer ; ce n'est pas, en effet, pour faire les affaires du pays qu'ils acceptent son mandat, c'est pour veiller à leurs intérêts particuliers. Comment pourraient-ils refuser quelque chose au pouvoir dont ces mêmes intérêts dépendent? Il vaudrait mieux, si l'on a assez de confiance en lui, laisser ce même pouvoir maître d'agir à sa guise, que de s'en rapporter à ses serviteurs les plus soumis : au moins il ne pourrait pas décliner la responsabilité directe de ses actes, pour la faire retomber sur des prête-noms sans valeur.

Cette disette de candidats fait qu'on renvoie toujours les mêmes députés à la chambre, de sorte que qui a vu le personnel d'une législature les connaît toutes.

La proposition de l'honorable M. Gauguier est d'une justice relative incontestable ; chacun sent la nécessité qu'il y a, ou de la convertir en loi, ou de réformer le principe qui refuse une indemnité pour les députés. Cependant elle ne sera pas admise,

parce que, si on suspendait les traitements des fonctionnaires députés pendant la durée des sessions
législatives, presque aucun d'eux ne voudrait conserver le mandat de député, ou l'accepter de nou-
veau, à moins qu'il n'y trouvât des avantages honteux et incompatibles avec ses devoirs; cela fe-
rait sur les bancs de la chambre un vide de deux
cents membres, qu'on trouverait difficilement à
combler parmi les autres éligibles. Ainsi, quelque
déraisonnable que soit le choix des fonctionnaires
pour députés, il y a pourtant, dans l'état actuel
des choses, nécessité de les subir.

En faudrait-il davantage pour démontrer toute
l'absurdité du système qui nous régit?

Mais on demande des garanties contre l'abus possible d'un mandat aussi important. Est-ce que le
choix des électeurs, éclairé par des intérêts de la
nature de ceux dont on vient de parler, n'est pas
une garantie plus que suffisante? Qui donc peut
se croire plus d'esprit et plus d'habileté que n'en a
tout le monde, au point de s'autoriser à prendre
des précautions contre ceux-là mêmes qui seuls
auraient droit de lui demander un cautionnement?

De qui d'ailleurs ces défenseurs officiels de la société ont-ils reçu leur mission ? Qui leur a donné le droit et le privilége de stipuler pour leurs égaux, et de les exclure (*) ?

Et puis ces conditions de garanties, dont on fait tant d'estime, ne sont-elles pas plus dans l'apparence que dans la réalité ? Où donc a-t-on vu que l'homme d'une aisance médiocre soit moins indépendant, moins honnête, moins moral, plus facile à séduire, plus avide d'or et d'honneurs que le riche ? N'est-ce pas même le contraire qui est la vérité ? Jamais les hommes, qui solliciteront les suffrages de leurs concitoyens, et qui les obtiendront, ne seront, en majorité, des instruments de désordre, ni capables d'abuser de leur mandat contre leurs mandataires. Que des individus, si pervers et si méchants que vous les supposiez, aient à choisir un d'eux pour lui confier leur argent, et le charger de la conservation de leurs intérêts les plus précieux, croyez-vous qu'ils éliront celui qui se sera montré le plus scélérat et le plus

(1) Quelques-uns répondent que cette mission, ils la tiennent *de Dieu* ou *de leur épée* ; — fourberie ou violence ; — mais les chefs de la classe moyenne ne croient guère en Dieu, et n'ont pas du tout d'épée ; — où est donc leur titre?

vicieux ? Et pourquoi voudrait-on qu'il en fût au-trement dans une société composée de gens hon-nêtes, ou de gens au moins dont l'immense majo-rité n'a que des intentions pures et raisonnables? Laissez donc aux choix des électeurs la liberté la plus absolue, et vous verrez surgir ce que la France a de plus honnête, de plus moral, et en même temps de plus capable.

Si la possession de l'or n'est plus une condition indispensable pour servir son pays selon ses goûts et ses études, on verra moins de gens vouloir en acqué-rir par des moyens honteux et illicites ; car on envie moins les richesses pour elles-mêmes, que pour la considération qu'elles procurent. Qu'on l'obtienne, cette considération, quand on l'aura méritée par sa capacité, par une bonne conduite, des actes géné-reux et des services honorables, et l'une des causes les plus actives de la démoralisation aura disparu.

Il n'échappe à personne qu'il s'introduit dans la chambre, à chaque élection, des députés d'une gran-de faiblesse comme capacité. Supérieurs peut-être dans leur localité, ils sont parmi leurs collègues d'une infériorité désespérante. Cependant il y a dans la nation beaucoup d'esprits du premier ordre, que leur influence et la politique de clocher refoulent et rendent inutiles.

Cela tient à ce que les électeurs ne connaissent pas tous ceux qu'ils devraient préférer à l'aiglon de leur village, qui est pourtant, lui, ce qu'il y a de mieux parmi ceux entre lesquels il faut nécessairement choisir. Je crois que, pour remédier à cet inconvénient, il faudrait réunir les électeurs pour voter dans des centres dont les rayons seraient un peu étendus. Mais comme il est impossible de déplacer et de transporter assez loin d'aussi grandes masses que celles qui devraient concourir à l'élection, il y aurait nécessité d'adopter plusieurs degrés (*).

On a signalé, dans un des chapitres précédents, l'inconvénient possible (**) des réunions d'électeurs de premier degré fractionnées par communes. Cet inconvénient disparaîtrait certainement si on divisait

(*) Des écrivains, appartenant au parti démocratique, ont pensé qu'il était possible d'organiser une élection directe avec la participation de tous les citoyens : je préférerais aussi ce mode ; mais j'avoue que je craindrais qu'il ne présentât pas assez de garanties pour le maintien de l'ordre matériel, et qu'il ne fût insuffisant pour produire au pouvoir les véritables supériorités sociales. Si la démagogie en surgissait, elle serait aussi funeste à l'égalité et à la liberté que le gouvernement des aristocraties supérieures et moyennes.

(**) V. chap. III, §. II.

les assemblées par cantons, comprenant un certain nombre de communes en raison de la population. Il faudrait que personne ne pût se dispenser de se rendre à ces assemblées à moins d'excuses jugées légitimes (*). Chaque canton choisirait, au suffrage, un nombre assez considérable d'électeurs qui seraient tenus de se rendre au lieu central, dont on a parlé plus haut, pour y élire directement les députés. Il devrait être accordé des indemnités raisonnables pour les déplacements, afin qu'on n'eût aucun motif de choisir les plus riches de préférence aux plus capables. (**)

(*) La condamnation à une amende pour ne s'être pas présenté aux élections ne serait pas une chose nouvelle dans nos lois et nos usages ; on a souvent condamné à des amendes ceux qui, avant 1789, ne se présentaient pas pour l'élection des membres aux états-généraux ou provinciaux. On en peut voir notamment un exemple dans un recueil *des états-généraux et autres assemblées nationales*, imprimé en 1789, tome 18, page 558.

Il s'agissait de l'élection pour les états-généraux convoqués sous Louis XIV, en 1651, et qui ne furent pas tenus.

Le réglement de l'élection, pour la prévôté de Paris, disait : « Quand on appel-» lera le tiers-état, il faudra appeler le prévôt des marchands et échevins, puis les » prévôts de justice royale, selon l'ordre de la coutume, puis les commissaires et les » notaires, puis les six corps et autres ci-dessus, puis les sergents, et ensuite *les ha-» bitants........* Sera prononcé lettre (acte) de la publication et appel ; après l'appel » *sera requis défaut contre les absents*, amende, et qu'il soit procédé à l'élection par » chacun ordre, et à cet effet serment. » :

(**) Ce mode d'élection, à deux dégrés, aurait l'avantage d'être conforme au droit commun de la France, avant 1789. Car c'est de cette manière qu'avaient lieu, au moins pour le *tiers-état*, les élections aux états-généraux ; la ville de Paris était la seule exceptée ; les députés y furent élus en 1614 et en 1789, directement par les

Aucun reproche d'inconstitutionalité ne pourrait être adressé à cette réforme ; la charte de 1830 autorise les pouvoirs législatifs à déterminer par des lois l'organisation des colléges électoraux ; elle ne leur impose d'autres limites que celles des conditions d'âge pour les électeurs et pour les députés. Seulement il faudrait peut-être accorder aux tribunaux criminels une grande latitude pour prononcer accessoirement la suspension, temporaire ou définitive des droits politiques contre les citoyens qui commettraient des crimes, des délits, ou même

bourgeois et habitants. A cette dernière époque le nombre des électeurs, qui concoururent à la nomination directe des députés fut de plus de trois cent mille.

Le clergé fut représenté par	64,000 votants,	
La noblesse par	100,000	314,000 votants.
Et le tiers-état par	150,000	

Plus de quatre millions d'individus, âgés de 25 ans et plus, exercèrent les droits électoraux au premier degré. Les hommes les plus remarquables, qui aient jamais été promus au gouvernement de la société, sortirent de ces éléments.

L'assemblée des *états-généraux* se composa de 1,200 députés, dont plus de la moitié représentaient le *tiers-état*.

Aujourd'hui, après 50 ans et dix révolutions, sous un gouvernement institué au nom de *la liberté* et *de l'égalité*, qui se vante d'avoir *une charte-vérité*, il est notable qu'il n'y ait plus que l'aristocratie de fortune qui soit représentée. Sous Louis XVI *le tiers-état*, le peuple enfin, avait envoyé au parlement six cents voix éloquentes et dévouées, qui se sacrifiaient pour sa défense, et sous le gouvernement d'une révolution faite par le peuple, il n'a pas un organe de son choix ! et les nobles à 200 fr. ont absorbé pour eux toute la représentation ! et ces gens ont des attaques d'épilepsie quand on leur parle des droits du peuple ! et le clergé lui-même, *dépouillé* et *méprisé* par eux, semble s'être rangé de leur parti ! C'est une insultante comédie.

des contraventions de police de nature à diminuer la confiance dans leur moralité politique.

Mais il ne faut pas se dissimuler que cette réforme, qui serait utile, morale et juste, rencontrera des obstacles sérieux, dans les classes privilégiées, qui veulent conserver les abus qui leur profitent, et dans un pouvoir entouré de courtisans rapaces, qui s'amaigriraient de l'embonpoint du peuple. Ils ne consentiront pas facilement, à moins de circonstances imprévues, à être réduits à leur part légitime des avantages sociaux, habitués qu'ils sont à y joindre celle des autres. On n'arrivera donc pas d'emblée ; il faudra disputer le terrain pied à pied, et se montrer infatigable.

L'adjonction de la garde nationale à l'exécution de cette œuvre est un fait grave, et qui ne sera pas d'une médiocre importance.

CHAPITRE IX.

DE LA RÉFORME ÉLECTORALE QUI ACCORDERAIT A LA GARDE NATIONALE LE DROIT DE CONCOURIR A L'ÉLECTION DES DÉPUTÉS.

La garde nationale n'est point, à proprement parler, une classe dans la société ; elle est la nation presque tout entière : elle se compose d'un effectif de 5,929,052 hommes de tous rangs et de toutes conditions ; elle supporte à peu près toutes les charges de l'état, et représente toute la fortune industrielle et territoriale de la France. Elle veut, en masse, la liberté pour tous, et l'égalité de droits pour chacun. Elle a invariablement maintenu l'ordre matériel, soutenu le gouvernement né de la révolution de juillet, et donné enfin toutes les garanties de sociabilité et d'intelligence gouvernementale qu'on puisse désirer. Chacun a rendu justice à la sagesse des choix de ceux qu'elle s'est donnés pour la commander.

C'est donc avec justice et raison qu'elle demande à participer à l'élection des députés de la France. L'acte de sa réclamation, contenant 150 mille signatures, est une chose grave à laquelle il serait fort inique et fort impolitique de ne faire aucune attention. Cet acte, au contraire, aura des conséquences inévitables. Tout annonce, d'ailleurs, que l'insistance de ce grand corps ne s'arrêtera pas là, et qu'il renouvellera ses sollicitations plus pressantes, appuyées, de session en session, du concours d'un plus grand nombre de citoyens.

Il obtiendra que les députés soient indemnisés, que le cens d'éligibilité soit supprimé, et, quand il sera parvenu à ce point, on sera sérieusement en marche pour avoir enfin le GOUVERNEMENT DU PAYS PAR TOUT LE PAYS, LA LIBERTÉ, L'ÉGALITÉ DE DROITS POLITIQUES ET CIVILS POUR TOUS LES FRANÇAIS, ET LEUR JUSTE PARTICIPATION AUX AVANTAGES DU GOUVERNEMENT.

TABLE.

Chapitre Ier.   — De la puissance de l'opinion publique.   . . .   5

Chapitre II.   — De la nécessité d'une réforme.   9

Chapitre III.   — Du parti légitimiste, et de la combinaison
électorale dont il attend la prépondérance
politique.   11

§. Ier   — Du parti légitimiste.   11

§. II.   — De la réforme électorale qui donnerait au
parti légitimiste la direction des affaires de
la nation.   18

Chapitre IV.   — Du parti de la classe moyenne.   22

§. Ier   — Des conservateurs.   23

§. II.   — Des réformateurs progressifs.   . . . . . . :   26

Chapitre V.   — Des partis socialistes.   29

Chapitre VI.   — Des classes de la société dites inférieures.   .   33

Chapitre VII.   — Du parti démocratique.   44

Chapitre VIII.   — De la réforme électorale qui conviendrait au
parti démocratique.   45

Chapitre IX.   — De la réforme électorale qui accorderait à la
garde nationale le droit de concourir à l'é-
lection des députés.   56